Caro aluno, seja bem-vindo à sua plataforma do conhecimento!

A partir de agora, você tem à sua disposição uma plataforma que reúne, em um só lugar, recursos educacionais digitais que complementam os livros impressos e são desenvolvidos especialmente para auxiliar você em seus estudos. Veja como é fácil e rápido acessar os recursos deste projeto.

1. Faça a ativação dos códigos dos seus livros.

Se você NÃO tiver cadastro na plataforma:

- Para acessar os recursos digitais, você precisa estar cadastrado na plataforma educamos.sm. Em seu computador, acesse o endereço <br.educamos.sm>.
- No canto superior direito, clique em "**Primeiro acesso? Clique aqui**". Para iniciar o cadastro, insira o código indicado abaixo.
- Depois de incluir todos os códigos, clique em "**Registrar-se**" e, em seguida, preencha o formulário para concluir esta etapa.

Se você JÁ fez cadastro na plataforma:

- Em seu computador, acesse a plataforma e faça o *login* no canto superior direito.
- Em seguida, você visualizará os livros que já estão ativados em seu perfil. Clique no botão "**Adicionar livro**" e insira o código abaixo.

Este é o seu código de ativação! → DC8CT-WYABR

2. Acesse os recursos.

Usando um computador

Acesse o endereço <br.educamos.sm> e faça o *login* no canto superior direito. Nessa página, você visualizará todos os seus livros cadastrados. Para acessar o livro desejado, basta clicar na sua capa.

Usando um dispositivo móvel

Instale o aplicativo **educamos.sm**, que está disponível gratuitamente na loja de aplicativos do dispositivo. Utilize o mesmo *login* e a mesma senha da plataforma para acessar o aplicativo.

Importante! Não se esqueça de sempre cadastrar seus livros da SM em seu perfil. Assim, você garante a visualização dos seus conteúdos, seja no computador, seja no dispositivo móvel. Em caso de dúvida, entre em contato com nosso canal de atendimento pelo **telefone 0800 72 54876** ou pelo *e-mail* atendimento@grupo-sm.com.

Semear Juntos

Ensino Religioso

2

Organizadora: SM Educação
Obra coletiva concebida, desenvolvida e produzida por SM Educação.

2ª edição, São Paulo, 2020

Semear Juntos – Ensino Religioso – volume 2
© Ediciones SM
© SM Educação
Todos os direitos reservados

Autoria	M.ª Adoración Díaz Montejo, Lorenzo Sánchez Ramos, M.ª Elena Utrilla García, Mar Sánchez Sánchez, Hortensia Muñoz Castellanos
Colaboração	Maximiano Escalera
Direção editorial	M. Esther Nejm
Gerência editorial	Cláudia Carvalho Neves
Gerência de *design* e produção	André da Silva Monteiro
Edição executiva	Hortensia Muñoz Castellanos
	Assessoria pedagógico-pastoral: Humberto Herrera
	Edição: Joana Junqueira Borges
	Suporte editorial: Fernanda de Araújo Fortunato
Coordenação de preparação e revisão	Cláudia Rodrigues do Espírito Santo
	Revisão: Ana Paula Ribeiro Migiyama, Fátima Valentina Cezare Pasculli, Iris Gonçalves
	Preparação: Ana Paula Ribeiro Migiyama, Iris Gonçalves, Vera Lúcia Rocha
	Apoio de equipe: Beatriz Nascimento
Coordenação de *design*	Gilciane Munhoz
	***Design*:** Tangente Design, Thatiana Kalaes
Coordenação de arte	Ulisses Pires
	Edição de arte: Andressa Fiorio, Eduardo Sokei, Vivian Dumelle
	Assistência de arte: Renné Ramos, Vitor Trevelin
Coordenação de iconografia	Josiane Laurentino
	Pesquisa iconográfica: Beatriz Fonseca Micsik, Bianca Fanelli
	Tratamento de imagem: Marcelo Casaro
Capa	Gilciane Munhoz
	Imagem de capa: Rebeca Luciani
Projeto gráfico	Andrea Dellamagna
Ilustrações	Carlitos Pinheiro, Cris Eich, Raíssa Bulhões, Victor Beuren, Xavier Salomó
Pré-impressão	Américo Jesus
Fabricação	Alexander Maeda
Impressão	BMF Gráfica e Editora

Dados Internacionais de Catalogação na Publicação (CIP)
(Câmara Brasileira do Livro, SP, Brasil)

Semear juntos, 2 : ensino religioso / organizadora SM Educação ; obra coletiva concebida, desenvolvida e produzida por SM Educação. – 2. ed. –
São Paulo : Edições SM, 2020.

ISBN: 978-65-5744-023-0 (aluno)
ISBN: 978-65-5744-024-7 (professor)

1. Ensino religioso (Ensino fundamental)

20-36828   CDD-377.1

Índices para catálogo sistemático:
1. Educação religiosa nas escolas 377.1
2. Religião: Ensino fundamental 377.1

Cibele Maria Dias – Bibliotecária – CRB-8/9427

2ª edição, 2020
3ª impressão, maio 2022

SM Educação
Rua Tenente Lycurgo Lopes da Cruz, 55
Água Branca 05036-120 São Paulo SP Brasil
Tel. 11 2111-7400
atendimento@grupo-sm.com
www.grupo-sm.com/br

APRESENTAÇÃO

QUERIDO ALUNO, QUERIDA ALUNA,

VOCÊ SABIA QUE MUITAS CRIANÇAS DE TODO O BRASIL JÁ UTILIZARAM ESTE LIVRO NAS AULAS DE ENSINO RELIGIOSO?

ESSAS CRIANÇAS GOSTARAM MUITO DAS ATIVIDADES E DOS JOGOS E DESCOBRIRAM COMO AS AULAS DE ENSINO RELIGIOSO SÃO IMPORTANTES E DIVERTIDAS.

O ENSINO RELIGIOSO É COMO UMA GRANDE JANELA QUE PODEMOS ABRIR NÃO APENAS PARA CONHECER O MUNDO, MAS TAMBÉM PARA PERCEBER QUE SOMOS PARTE DELE.

QUEREMOS QUE VOCÊ CONHEÇA A BONDADE DE DEUS, QUE ILUMINA NOSSO DIA A DIA E INSPIRA AS PESSOAS A SE RELACIONAR MELHOR UMAS COM AS OUTRAS.

DESEJAMOS QUE ESTE LIVRO POSSA SEMEAR EM VOCÊ ATITUDES DE RESPEITO E DE SOLIDARIEDADE PARA VIVER BEM E FELIZ COM TODOS.

NESTE ANO, VOCÊ APRENDERÁ QUE O PLANETA É UMA GRANDE CASA E QUE TODOS QUE MORAMOS NELA SOMOS IRMÃOS E DEVEMOS VIVER UNIDOS.

UMA ÓTIMA EXPERIÊNCIA PARA VOCÊ!

EQUIPE EDITORIAL

SUMÁRIO

1. SOMOS TODOS IRMÃOS 8

- **LENDO A BÍBLIA:** DEUS É O CRIADOR 10
- **COMPREENDENDO O MUNDO:** SOMOS ÚNICOS E DIFERENTES 12
- **APRENDENDO UNS COM OS OUTROS:** AS RELIGIÕES E A FRATERNIDADE UNIVERSAL 14
- **OFICINA DO BRINCAR:** A CASA DO JOÃO-DE-BARRO 15
- **APRENDENDO MAIS:** A FAMÍLIA TERRESTRE 16
- **VIVENDO O QUE APRENDEMOS:** SOMOS IGUAIS PARA DEUS 18
  DEVEMOS RESPEITAR TODAS AS PESSOAS 19

2. FAZEMOS PARTE DE UMA COMUNIDADE 20

- **LENDO A BÍBLIA:** DEUS FORMOU UM POVO 22
- **COMPREENDENDO O MUNDO:** AS DIFERENTES COMUNIDADES 24
- **APRENDENDO UNS COM OS OUTROS:** AS COMUNIDADES RELIGIOSAS 26
- **OFICINA DO BRINCAR:** MESTRE DE OBRAS DA CASA COMUM 27
- **APRENDENDO MAIS:** VIVENDO EM COMUNIDADE 28
- **VIVENDO O QUE APRENDEMOS:** O POVO DE DEUS É A IGREJA 30
  A ESCOLA É UMA COMUNIDADE 31

3. FAZEMOS PARTE DE UMA FAMÍLIA 32

- **LENDO A BÍBLIA:** A FAMÍLIA DE MARIA, JOSÉ E JESUS 34
- **COMPREENDENDO O MUNDO:** A FAMÍLIA NOS AJUDA A CRESCER 36
- **APRENDENDO UNS COM OS OUTROS:** A FAMÍLIA NOS TRANSMITE A FÉ 38
- **OFICINA DO BRINCAR:** HISTORIADORES DE FAMÍLIAS 39
- **APRENDENDO MAIS:** AS FAMÍLIAS DO MUNDO 40
- **VIVENDO O QUE APRENDEMOS:**
  A FAMÍLIA É A NOSSA PRIMEIRA ESCOLA 42
  AS FAMÍLIAS SÃO DIFERENTES 43

4 APRENDEMOS A VIVER EM COMUNIDADE 44

- **LENDO A BÍBLIA:** O BOM SAMARITANO 46
- **COMPREENDENDO O MUNDO:** PRECISAMOS SER SOLIDÁRIOS 48
- **APRENDENDO UNS COM OS OUTROS:** A REGRA DE OURO DAS RELIGIÕES 50
- **OFICINA DO BRINCAR:** RUA DA CIDADANIA 51
- **APRENDENDO MAIS:** COLABORAMOS PARA O BEM 52
- **VIVENDO O QUE APRENDEMOS:**
  - AJUDAMOS UNS AOS OUTROS EM NOSSA COMUNIDADE 54
  - DEVEMOS SER SOLIDÁRIOS E RESPEITAR TODAS AS PESSOAS 55

5 CONVIVEMOS UNS COM OS OUTROS 56

- **LENDO A BÍBLIA:** O PAI-NOSSO 58
- **COMPREENDENDO O MUNDO:** AS PESSOAS SE RELACIONAM COM DEUS 60
- **APRENDENDO UNS COM OS OUTROS:** A ORAÇÃO NAS RELIGIÕES 62
- **OFICINA DO BRINCAR:** A PADARIA DO BEM 63
- **APRENDENDO MAIS:** ENCONTRAR-SE COM DEUS 64
- **VIVENDO O QUE APRENDEMOS:** REZAR É FALAR COM DEUS 66
  - AS PESSOAS BUSCAM A DEUS 67

6 É BOM VIVER EM UNIÃO 68

- **LENDO A BÍBLIA:** UMA FESTA PARA TODOS 70
- **COMPREENDENDO O MUNDO:** AS CELEBRAÇÕES CATÓLICAS 72
- **APRENDENDO UNS COM OS OUTROS:** DIFERENTES LUGARES SAGRADOS 74
- **OFICINA DO BRINCAR:** O PIQUENIQUE 75
- **APRENDENDO MAIS:** É MELHOR ESTARMOS JUNTOS 76
- **VIVENDO O QUE APRENDEMOS:**
  - AS PESSOAS SE REÚNEM PARA CELEBRAR A VIDA 78
  - TODOS SÃO BEM-VINDOS PARA FESTEJAR A VIDA 79

- **CONHECENDO UM POVO DO NOSSO PAÍS:** OS QUILOMBOLAS 80
- **JOGANDO:** PAR-SIM 84
- **CONHEÇA MAIS** 88
- **ADESIVOS E RECORTÁVEIS** 89

CONHEÇA SEU LIVRO

ABERTURA

NESTA SEÇÃO, VOCÊ VAI ENCONTRAR SITUAÇÕES DO SEU DIA A DIA SOBRE AS QUAIS VAI PRECISAR PENSAR E DAR SUA OPINIÃO.

BOXE PARA REFLETIR E CONVERSAR

QUANDO ESTIVER APRENDENDO ALGO, É IMPORTANTE PENSAR SOBRE O NOVO CONHECIMENTO E COMPARTILHÁ-LO COM ALGUÉM. VOCÊ VAI RESPONDER PERGUNTAS SOBRE O TEMA E CONVERSAR COM OS COLEGAS.

PARA REFLETIR E CONVERSAR

- ONDE VIVIAM OS PAIS DE JESUS?
- PARA ONDE MARIA E JOSÉ VIAJARAM?
- EM QUE LUGAR NASCEU JESUS?
- QUEM AVISOU AOS PASTORES SOBRE O NASCIMENTO DE JESUS?

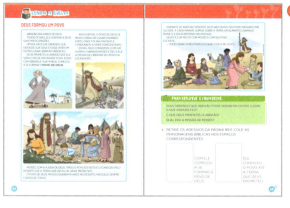

LENDO A BÍBLIA

HISTÓRIAS ILUSTRADAS DA BÍBLIA PARA VOCÊ CONHECER E APRENDER COM OS ENSINAMENTOS DE DEUS.

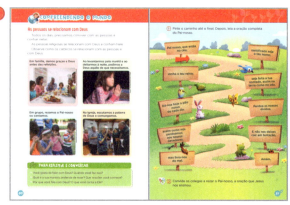

COMPREENDENDO O MUNDO

COMO OS CRISTÃOS VIVEM E COMPREENDEM O MUNDO? É O QUE VOCÊ VAI VER NESTA SEÇÃO. AS FOTOGRAFIAS RETRATAM O MUNDO QUE EXISTE À NOSSA VOLTA E A IMPORTÂNCIA DE DEUS EM TUDO O QUE EXISTE.

APRENDENDO UNS COM OS OUTROS

NEM TODAS AS PESSOAS TÊM A MESMA RELIGIÃO. MAS VOCÊ JÁ PENSOU QUE TODAS ELAS TÊM ALGO A ENSINAR? AQUI VOCÊ VAI CONHECER O JEITO DE CADA RELIGIÃO TRATAR DIFERENTES TEMAS.

OFICINA DO BRINCAR

ESTÁ NA HORA DE COLOCAR EM PRÁTICA O QUE VOCÊ APRENDEU NA UNIDADE, REALIZANDO ATIVIDADES DIVERTIDAS.

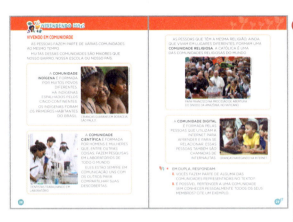

APRENDENDO MAIS

VOCÊ VAI APRENDER UM POUCO SOBRE A VIDA E OS COSTUMES DE DIFERENTES CULTURAS E CONHECERÁ A OPINIÃO DE PESSOAS QUE TÊM ALGO A NOS ENSINAR.

VIVENDO O QUE APRENDEMOS

COMO RELEMBRAR O QUE VOCÊ APRENDEU NA UNIDADE? COM ATIVIDADES ANIMADAS, PARA FAZER EM CLASSE OU EM CASA, COM A FAMÍLIA!

CONHECENDO UM POVO DO NOSSO PAÍS

VOCÊ VAI CONHECER A CULTURA, OS COSTUMES E AS CRENÇAS RELIGIOSAS DE UM POVO DO NOSSO PAÍS, RELACIONANDO-OS A SEUS APRENDIZADOS.

CONHEÇA MAIS

COM AS SUGESTÕES DE LIVROS, FILMES, MÚSICAS E *SITES* DESTA SEÇÃO, VOCÊ VAI CONHECER AINDA MAIS VALORES ÉTICOS E RELIGIOSOS.

JOGANDO

O JOGO DESTA SEÇÃO LEVARÁ VOCÊ A PRATICAR OS ENSINAMENTOS DESTA COLEÇÃO DE FORMA ALEGRE E FRATERNA.

ÍCONES

ESTES ÍCONES INDICAM SE VOCÊ DEVE FAZER A ATIVIDADE COM UM COLEGA, COM MAIS DE UM COLEGA OU EM CASA, COM SUA FAMÍLIA.

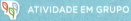 ATIVIDADE EM DUPLA

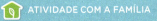 ATIVIDADE EM GRUPO

ATIVIDADE COM A FAMÍLIA

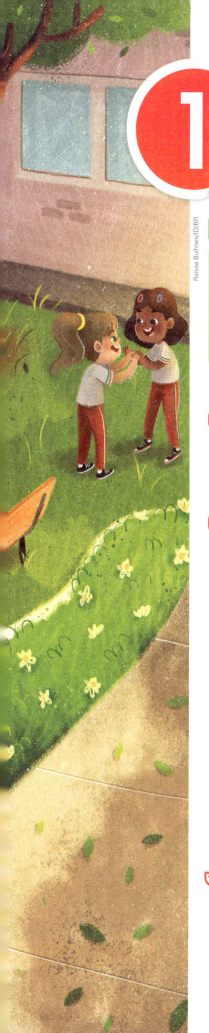

1 SOMOS TODOS IRMÃOS

PARA REFLETIR E CONVERSAR

- QUE LUGAR A CENA AO LADO REPRESENTA?
- QUEM APARECE NA CENA?
- COMO VOCÊ ACHA QUE AS PESSOAS DA CENA ESTÃO SE SENTINDO?

① ESCREVA ABAIXO O NOME DA ESCOLA EM QUE VOCÊ ESTUDA.

_____

② COMO VOCÊ SE SENTIU EM SEU PRIMEIRO DIA DE AULA DESTE ANO?

A. DESENHE COMO FOI ESSE DIA.

B. FORME DUPLA COM UM COLEGA. MOSTRE A ELE SEU DESENHO E CONTE SOBRE AS COISAS DE QUE VOCÊ MAIS GOSTOU NESSE DIA.

# LENDO A BÍBLIA

DEUS É O CRIADOR

DEUS CRIOU UM MUNDO MUITO BONITO E QUIS COMPARTILHÁ-LO. ENTÃO, CRIOU O HOMEM E A MULHER À SUA IMAGEM E SEMELHANÇA.

DEUS CHAMOU O HOMEM DE ADÃO E A MULHER DE EVA.

DEUS COMPARTILHOU COM ADÃO E EVA AS PLANTAS, COM SUAS SEMENTES, E AS ÁRVORES FRUTÍFERAS, PARA QUE ELES COMESSEM SEUS FRUTOS.

TAMBÉM COMPARTILHOU OS PEIXES DO MAR, AS AVES DO CÉU E OS ANIMAIS QUE VIVEM NA TERRA, PARA QUE FOSSEM CUIDADOS POR ELES.

DEUS VIU QUE TUDO O QUE HAVIA FEITO ERA MUITO BOM. ENTÃO, DISSE AO HOMEM E À MULHER:
— CRESCEI E MULTIPLICAI-VOS. POVOAI A TERRA E CUIDAI DELA.

PARA REFLETIR E CONVERSAR

- POR QUE DEUS CRIOU O HOMEM E A MULHER?
- QUE NOME DEUS DEU A ELES?
- O QUE DEUS COMPARTILHOU COM O HOMEM E COM A MULHER?

- SUBSTITUA OS NÚMEROS PELAS LETRAS CORRESPONDENTES PARA COMPLETAR A FRASE.

U	O	M	N	D	S	C	I	A	R	E
1	2	3	4	5	6	7	8	9	10	11

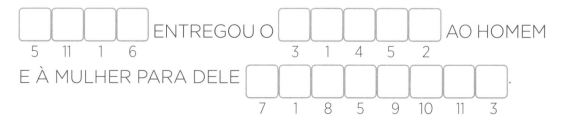

COMPREENDENDO O MUNDO

SOMOS ÚNICOS E DIFERENTES

AS PESSOAS SÃO ÚNICAS E DIFERENTES. E DEUS AMA A TODAS IGUALMENTE

FOMOS CRIADOS POR DEUS.

DEUS AMA TODAS AS PESSOAS.

PARA REFLETIR E CONVERSAR

- OBSERVE AS FOTOGRAFIAS DESTA PÁGINA E DEPOIS CONVERSE COM OS COLEGAS: O QUE AS CRIANÇAS TÊM EM COMUM?

1 OBSERVE AS CRIANÇAS DA PÁGINA ANTERIOR. DEPOIS, COMPLETE A TABELA.

QUANTAS CRIANÇAS USAM ÓCULOS?		QUANTAS CRIANÇAS SÃO MENINOS?	
QUANTAS ESTÃO FANTASIADAS?		QUANTAS SÃO MENINAS?	
QUANTAS ESTÃO COM A CABEÇA COBERTA?		HÁ QUANTAS CRIANÇAS?	
QUANTAS ESTÃO ESCREVENDO?		QUANTAS FORAM CRIADAS POR DEUS?	

- CONSIDERANDO OS DADOS DA TABELA, COMPLETE A FRASE.

SE HÁ _____ CRIANÇAS NO MOSAICO DA PÁGINA ANTERIOR, HÁ _____ CRIANÇAS IGUALMENTE AMADAS POR DEUS.

2 BUSQUE NO DIAGRAMA CINCO ATITUDES DE CUIDADO COM O OUTRO.

CUIDAR   AJUDAR   ACOLHER
RESPEITAR   COMPARTILHAR

K	I	A	M	G	I	J	U	A	C	R	A
S	N	C	U	I	D	A	R	L	O	E	B
C	O	O	I	A	N	J	E	W	M	S	E
K	D	L	W	Y	A	R	S	A	P	P	N
W	A	H	B	E	A	A	P	R	A	I	Ç
D	I	E	D	K	J	V	E	S	R	T	J
E	A	R	U	M	U	B	I	F	T	O	O
S	V	C	R	N	D	R	T	G	I	S	A
I	O	I	E	R	A	T	A	I	L	A	D
M	I	A	S	V	R	U	R	U	H	V	E
A	R	L	G	Z	A	O	O	O	E	A	O	U
Y	M	N	T	L	I	E	M	O	R	L	Y

13

APRENDENDO UNS COM OS OUTROS

AS RELIGIÕES E A FRATERNIDADE UNIVERSAL

VÁRIAS RELIGIÕES TÊM A CRENÇA DE QUE TODAS AS PESSOAS SÃO IRMÃS, OU SEJA, PERTENCEM A UMA MESMA FAMÍLIA. ESSA CRENÇA É CHAMADA DE **FRATERNIDADE UNIVERSAL**.

CRIANÇAS PARTICIPANDO DA MISSA.

NO **CRISTIANISMO**, JESUS ENSINA QUE DEUS É NOSSO PAI; POR ISSO, OS CRISTÃOS CREEM QUE TODOS SOMOS IRMÃOS.

NO **ISLAMISMO**, OS MUÇULMANOS CHAMAM DEUS DE ALÁ. ELES ACREDITAM QUE ALÁ É O CRIADOR E QUE ELE AMA TODAS AS PESSOAS.

CRIANÇAS LENDO O ALCORÃO.

CRIANÇAS LENDO LIVROS SAGRADOS DO JUDAÍSMO.

PARA O **JUDAÍSMO**, DEUS CRIOU TODAS AS PESSOAS, SEJA QUAL FOR A NACIONALIDADE DELAS.

1. SUBLINHE NO TEXTO O QUE CADA UMA DAS RELIGIÕES DIZ SOBRE A FRATERNIDADE UNIVERSAL.

2. EM DUPLA, CONVERSEM SOBRE O QUE É A FRATERNIDADE UNIVERSAL.

OFICINA DO BRINCAR

A CASA DO JOÃO-DE-BARRO

APRENDEMOS QUE SOMOS TODOS IRMÃOS E IGUAIS PARA DEUS, E QUE DEVEMOS VIVER EM FRATERNIDADE.

VOCÊ JÁ VIU O MODO COMO O PÁSSARO JOÃO-DE-BARRO CONSTRÓI O NINHO DELE?

O NINHO É FEITO EM CONJUNTO PELO MACHO E PELA FÊMEA DE FORMA CUIDADOSA E ESTRATÉGICA, USANDO ELEMENTOS NATURAIS.

AGORA, QUE TAL SEGUIR O EXEMPLO DO JOÃO-DE-BARRO? VOCÊ VAI USAR ARGILA E OUTROS ELEMENTOS NATURAIS PARA REPRESENTAR SUAS MÃOS.

1. MOLDE A ARGILA E FORME UM CÍRCULO ACHATADO, COM ESPAÇO SUFICIENTE PARA VOCÊ REGISTRAR A MARCA DA SUA MÃO.

2. COM A AJUDA DO(A) PROFESSOR(A), ESCOLHA ELEMENTOS NATURAIS PARA DECORAR A MOLDURA DA MÃO, COMO PEDRAS, FOLHAS, ETC.

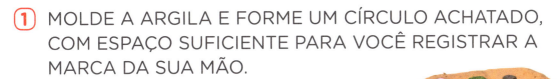

MÃOS À OBRA!

3. COM A AJUDA DO(A) PROFESSOR(A), ORGANIZE COM OS COLEGAS UMA EXPOSIÇÃO COM AS PRODUÇÕES DE TODOS. O TEMA DA EXPOSIÇÃO SERÁ: "SOMOS TODOS IRMÃOS".

SUAS MÃOS E AS MÃOS DOS COLEGAS REPRESENTAM A UNIÃO E O COMPROMISSO DE TODOS NO CUIDADO DA NOSSA CASA COMUM: O MUNDO CRIADO POR DEUS.

APRENDENDO MAIS

A FAMÍLIA TERRESTRE

MUITAS PESSOAS AO REDOR DO MUNDO LUTAM PARA QUE TODOS POSSAMOS VIVER COMO IRMÃOS.

RIGOBERTA MENCHÚ TUM NASCEU NA GUATEMALA. ELA FAZ PARTE DO POVO INDÍGENA QUICHÉ. RIGOBERTA LUTA PELOS DIREITOS HUMANOS, PRINCIPALMENTE PELO DIREITO DOS POVOS INDÍGENAS.

RIGOBERTA MENCHÚ TUM, EM ATO NA GUATEMALA.

NELSON MANDELA FOI UM IMPORTANTE PENSADOR E POLÍTICO DA ÁFRICA DO SUL. ELE LUTOU CONTRA A DISCRIMINAÇÃO RACIAL EM SEU PAÍS E NO MUNDO.

NELSON MANDELA COM CRIANÇAS, EM FOTO DE 2009.

MAHATMA GANDHI FOI UM MESTRE INDIANO E PENSADOR DA RELIGIÃO HINDU. ELE PREGOU QUE TODOS NÓS SOMOS IRMÃOS E, POR ISSO, DEVEMOS QUERER O BEM DE TODOS E NOS AFASTAR DA VIOLÊNCIA.

MAHATMA GANDHI, EM FOTO DE 1931.

O **PAPA FRANCISCO** NOS CONVIDA A EXPRESSAR O AMOR FRATERNAL POR TODAS AS PESSOAS.

ELE AFIRMA QUE DEVEMOS CONSTRUIR PONTES DE DIÁLOGO E SOLIDARIEDADE ENTRE TODOS.

PAPA FRANCISCO TIRANDO FOTO COM JOVENS CATÓLICOS EM CRACÓVIA, NA POLÔNIA.

- COMO ESSAS PESSOAS EXPRESSARAM A FRATERNIDADE? CONVERSE COM OS COLEGAS.

VIVENDO O QUE APRENDEMOS

SOMOS IGUAIS PARA DEUS

1. LEVE AS CRIANÇAS ÀS ATITUDES DE FRATERNIDADE.

2. EM DUPLA, CONVERSEM: QUE ATITUDES FRATERNAS VOCÊS PODEM TER NA ESCOLA?

DEVEMOS RESPEITAR TODAS AS PESSOAS

3 ESCREVA A PRIMEIRA LETRA DE CADA FIGURA E DESCUBRA A PALAVRA QUE VOCÊ APRENDEU NESTA UNIDADE.

4 EM CASA, PERGUNTE A SEUS FAMILIARES SE ELES SABEM O QUE É **FRATERNIDADE**.

A. EXPLIQUE A ELES ALGUMAS ATITUDES FRATERNAS QUE VOCÊ APRENDEU NESTA UNIDADE.

B. QUE AÇÕES FRATERNAS SEUS FAMILIARES VEEM VOCÊ PRATICAR? PINTE AS RESPOSTAS.

| AJUDAR | RESPEITAR | COMPARTILHAR |

5 FAÇA UM DESENHO DE VOCÊ PRATICANDO UMA DAS AÇÕES ACIMA. DEPOIS, MOSTRE SEU DESENHO AOS COLEGAS E CONTE A ELES O QUE VOCÊ CONVERSOU COM SUA FAMÍLIA.

2 FAZEMOS PARTE DE UMA COMUNIDADE

PARA REFLETIR E CONVERSAR

- ONDE AS CRIANÇAS DA CENA ESTÃO?
- O QUE ELAS ESTÃO FAZENDO?
- COMO VOCÊ ACHA QUE ELAS ESTÃO SE SENTINDO?

1. HÁ TRÊS GRUPOS DE ALUNOS NA CENA. ESCREVA UM NOME PARA CADA GRUPO.

- POR QUE VOCÊ ESCOLHEU ESSES NOMES? EXPLIQUE AOS COLEGAS.

2. QUAL É SEU ESPORTE PREFERIDO? POR QUÊ? CONTE AOS COLEGAS.

3. EM UMA FOLHA À PARTE, DESENHE VOCÊ E ALGUNS COLEGAS PRATICANDO SEU ESPORTE PREFERIDO.

LENDO A BÍBLIA

DEUS FORMOU UM POVO

Abraão era amigo de Deus.
Todos os dias, ele contava a Deus suas preocupações.
Um dia, Deus lhe ordenou que deixasse sua casa e fosse viver em outro lugar. Abraão obedeceu.
Deus prometeu a Abraão que ele seria o pai de um grande povo. Assim, com Abraão e sua família, começou a se formar o **POVO DE DEUS**.

Anos depois, o povo de Deus se mudou para um lugar chamado Egito, onde foi maltratado e condenado a viver como escravo.
Então, Deus conversou com um homem chamado Moisés e deu a ele a missão de libertar seu povo da escravidão.

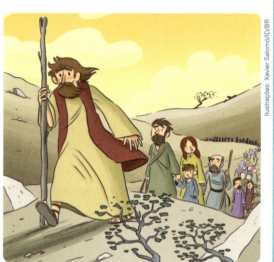

Ilustrações: Xavier Salomó/ID/BR

Moisés, com a ajuda de Deus, tirou o povo do Egito e o conduziu pelo deserto até a terra que Deus lhe havia prometido.
O povo de Deus passou quarenta anos no deserto, mas Deus sempre cuidou de todos.

DURANTE OS ANOS NO DESERTO, DEUS NÃO DEIXOU SEU POVO PASSAR FOME OU SEDE. A CADA MANHÃ, SURGIA SOBRE A TERRA UM ALIMENTO CHAMADO MANÁ, E A ÁGUA BROTAVA DAS ROCHAS.

DEUS FEZ UM PACTO COM MOISÉS E COM SEU POVO. ELE DISSE:

— VOCÊS SERÃO O MEU POVO E EU SEREI O DEUS DE VOCÊS.

PARA REFLETIR E CONVERSAR

- DEUS ORDENOU QUE ABRAÃO FOSSE MORAR EM OUTRO LUGAR. O QUE ABRAÃO FEZ?
- O QUE DEUS PROMETEU A ABRAÃO?
- QUAL ERA A MISSÃO DE MOISÉS?

- RETIRE OS ADESIVOS DA PÁGINA 89 E COLE AS PERSONAGENS BÍBLICAS NOS ESPAÇOS CORRESPONDENTES.

COM ELE COMEÇOU A SE FORMAR O POVO DE DEUS.

ELE CONDUZIU O POVO ATÉ A TERRA QUE DEUS PROMETEU.

COMPREENDENDO O MUNDO

AS DIFERENTES COMUNIDADES

AS PESSOAS FAZEM PARTE DE DIFERENTES COMUNIDADES.

OS CRISTÃOS FAZEM PARTE DO POVO DE DEUS. TODAS AS PESSOAS QUE QUISEREM PODEM FAZER PARTE DELE.

OBSERVE ALGUMAS COMUNIDADES.

A ESCOLA

ESCOLA INDÍGENA GUARANI EM SÃO MIGUEL DAS MISSÕES, RIO GRANDE DO SUL.

A COMUNIDADE RELIGIOSA

BATIZADO EM IGREJA CATÓLICA EM ROMA, ITÁLIA.

A COMUNIDADE LINGUÍSTICA

CRIANÇA E PROFESSORA CONVERSANDO EM LIBRAS.

O PAÍS

MAPA DO BRASIL ESTILIZADO.

PARA REFLETIR E CONVERSAR

- CONVERSE COM OS COLEGAS: A QUE COMUNIDADES APRESENTADAS NESTA PÁGINA VOCÊS PERTENCEM?

1. DEUS FORMOU UM POVO. COMO SE CHAMA O POVO DE DEUS?

   • RETIRE AS LETRAS DA PÁGINA 89 E COLE-AS NA ORDEM CORRETA PARA COMPLETAR A FRASE.

   ### O POVO DE DEUS É A

2. SUBSTITUA OS NÚMEROS PELAS LETRAS E DESCUBRA O NOME DO ESPAÇO SAGRADO DE ALGUMAS COMUNIDADES.

P	U	S	D	Q	R	Z	T	I	O	N	G	M	E	A	C
1	2	3	4	5	6	7	8	9	10	11	12	13	14	15	16

• DO POVO GUARANI:

16 15 3 15 4 14 6 14 7 15

• DO CANDOMBLÉ:

8 14 6 6 14 9 6 10

• DO JUDAÍSMO:

3 9 11 15 12 10 12 15

• DO ISLAMISMO:

13 14 3 5 2 9 8 15

3. VOCÊ É BATIZADO? CONVERSE COM OS COLEGAS SOBRE O QUE SABEM A RESPEITO DO BATISMO NA IGREJA CATÓLICA.

APRENDENDO UNS COM OS OUTROS

AS COMUNIDADES RELIGIOSAS

HÁ PESSOAS QUE DECIDEM FAZER PARTE DE UMA COMUNIDADE RELIGIOSA E DEDICAR SUA VIDA A ELA.

MONGE CRISTÃO ORTODOXO SÉRVIO, NO MOSTEIRO DECANI, NO KOSOVO.

NO **CRISTIANISMO ORTODOXO**, MONGES E MONJAS VIVEM NOS MOSTEIROS, EM COMUNIDADES. ELES LEVAM UMA VIDA DE ORAÇÃO, SIMPLICIDADE E TRABALHO.

NO **BUDISMO**, OS MONGES VIVEM NOS TEMPLOS. É POSSÍVEL SE TORNAR MONGE MESMO SENDO MUITO JOVEM. NA COMUNIDADE, ELES RASPAM A CABEÇA E SE DEDICAM À MEDITAÇÃO.

MONGES BUDISTAS NA TAILÂNDIA.

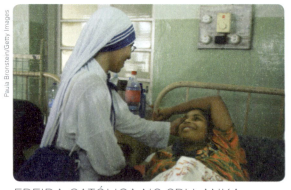

FREIRA CATÓLICA NO SRI LANKA.

NO **CATOLICISMO**, FRADES E FREIRAS SE DEDICAM AOS SERVIÇOS RELIGIOSOS.

MUITAS FREIRAS AJUDAM OS ENFERMOS E OS MAIS POBRES E EDUCAM CRIANÇAS, JOVENS E ADULTOS.

1 O QUE AS PESSOAS QUE VIVEM EM DIFERENTES COMUNIDADES RELIGIOSAS TÊM EM COMUM?

2 VOCÊ CONHECE RELIGIOSOS COMO OS CITADOS NESTA PÁGINA? CONTE AOS COLEGAS.

OFICINA DO BRINCAR

MESTRE DE OBRAS DA CASA COMUM

APRENDEMOS QUE PARTICIPAMOS DE DIFERENTES GRUPOS E COMUNIDADES RELIGIOSAS. A IGREJA É FORMADA PELO POVO DE DEUS.

POR ISSO, PODEMOS DIZER QUE A IGREJA É UMA CONSTRUÇÃO COLETIVA.

JUNTOS, CONSTRUÍMOS A IGREJA DE DEUS.

1. O PEDREIRO ABAIXO ESTÁ CONSTRUINDO O MURO DE UMA IGREJA. COLABORE COM ELE COLANDO OS ADESIVOS DE TIJOLOS DA PÁGINA 91. VOCÊ PODE ESCOLHER A ORDEM E A POSIÇÃO DOS TIJOLOS.

2. DEPOIS DE COLAR OS ADESIVOS DE TIJOLOS, VOCÊ DEVE TER PERCEBIDO QUE, EM CADA TIJOLO, HÁ UMA PALAVRA ESCRITA. CADA PALAVRA É O NOME DE UM VALOR OU DE UMA ATITUDE. CONVERSE COM OS COLEGAS SOBRE COMO A PRÁTICA DESSES VALORES E DESSAS ATITUDES NOS AJUDA A CUIDAR DE NOSSA IGREJA.

APRENDENDO MAIS

VIVENDO EM COMUNIDADE

AS PESSOAS FAZEM PARTE DE VÁRIAS COMUNIDADES AO MESMO TEMPO.

MUITAS DESSAS COMUNIDADES SÃO MAIORES QUE NOSSO BAIRRO, NOSSA ESCOLA OU NOSSO PAÍS.

A **COMUNIDADE INDÍGENA** É FORMADA POR MUITOS POVOS DIFERENTES.

HÁ INDÍGENAS ESPALHADOS PELOS CINCO CONTINENTES.

OS INDÍGENAS FORAM OS PRIMEIROS HABITANTES DO BRASIL.

CRIANÇAS GUARANIS EM BORACEIA, SÃO PAULO.

CIENTISTAS TRABALHANDO EM LABORATÓRIO.

A **COMUNIDADE CIENTÍFICA** É FORMADA POR HOMENS E MULHERES QUE, ENTRE OUTRAS COISAS, FAZEM PESQUISAS EM LABORATÓRIOS DE TODO O MUNDO.

ELES ESTÃO SEMPRE EM COMUNICAÇÃO UNS COM OS OUTROS PARA COMPARTILHAR SUAS DESCOBERTAS.

AS PESSOAS QUE TÊM A MESMA RELIGIÃO, AINDA QUE VIVAM EM LUGARES DIFERENTES, FORMAM UMA **COMUNIDADE RELIGIOSA**. A CATÓLICA É UMA DAS COMUNIDADES RELIGIOSAS DO MUNDO.

PAPA FRANCISCO NA PROCISSÃO DE ABERTURA DO SÍNODO DA AMAZÔNIA, NO VATICANO.

A **COMUNIDADE DIGITAL** É FORMADA PELAS PESSOAS QUE UTILIZAM A INTERNET PARA APRENDER E PARA SE RELACIONAR. ESSAS PESSOAS TAMBÉM SÃO CHAMADAS DE INTERNAUTAS.

CRIANÇAS NAVEGANDO NA INTERNET.

- EM DUPLA, RESPONDAM:
    - **A.** VOCÊS FAZEM PARTE DE ALGUMA DAS COMUNIDADES REPRESENTADAS NO TEXTO?
    - **B.** É POSSÍVEL PERTENCER A UMA COMUNIDADE SEM CONHECER PESSOALMENTE TODOS OS SEUS MEMBROS? CITE UM EXEMPLO.

VIVENDO O QUE APRENDEMOS

O POVO DE DEUS É A IGREJA

1. OBSERVE AS CRIANÇAS DA CENA. AS PLACAS QUE ELAS SEGURAM MOSTRAM O QUE FAZEMOS NA IGREJA.

A. RETIRE O ADESIVO DA PÁGINA 89 E COLE A CRIANÇA NO LUGAR INDICADO.
B. LEVE AS CRIANÇAS ATÉ A IGREJA.
C. PINTE A CENA COMO PREFERIR.

2. EM CASA, MOSTRE A SEUS FAMILIARES COMO VOCÊ PINTOU A CENA. DEPOIS, PERGUNTE A ELES O QUE MAIS GOSTAM DE FAZER NA IGREJA.

A ESCOLA É UMA COMUNIDADE

3 OBSERVE AS CENAS ABAIXO.

NA ESCOLA, TENHO ATITUDES DE RESPEITO QUANDO...

ESPERO A MINHA VEZ DE FALAR.

PRESTO ATENÇÃO NAS AULAS.

TRATO COM EDUCAÇÃO OS FUNCIONÁRIOS DA ESCOLA.

CUIDO DO AMBIENTE DA ESCOLA.

- CONVERSE COM OS COLEGAS SOBRE OUTRAS ATITUDES DE RESPEITO NA ESCOLA. DEPOIS, ESCOLHA UMA DELAS E DESENHE-A EM UMA FOLHA À PARTE.

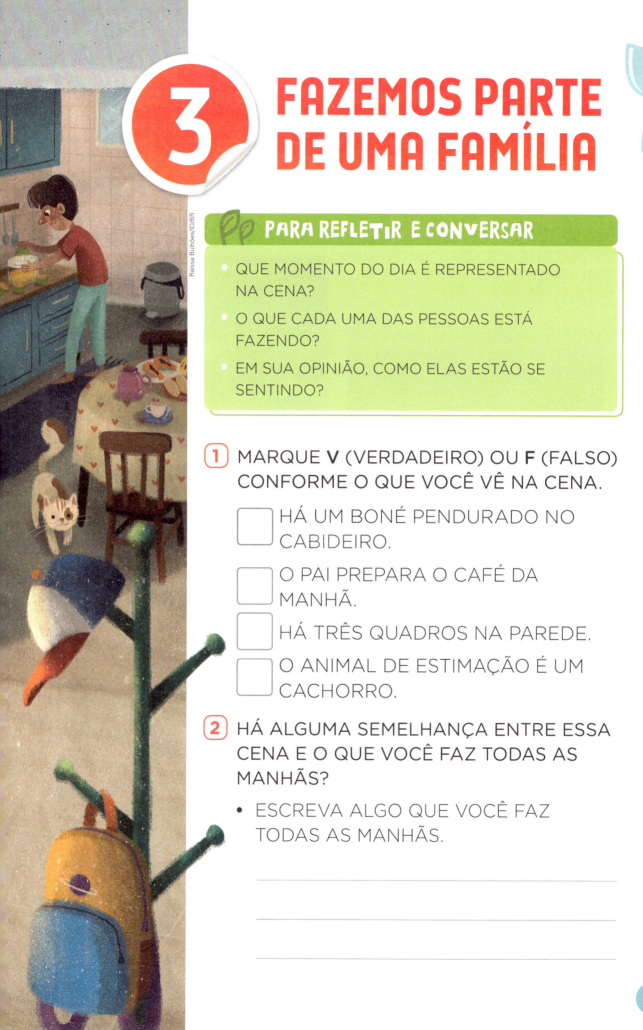

3 FAZEMOS PARTE DE UMA FAMÍLIA

PARA REFLETIR E CONVERSAR

- QUE MOMENTO DO DIA É REPRESENTADO NA CENA?
- O QUE CADA UMA DAS PESSOAS ESTÁ FAZENDO?
- EM SUA OPINIÃO, COMO ELAS ESTÃO SE SENTINDO?

1) MARQUE **V** (VERDADEIRO) OU **F** (FALSO) CONFORME O QUE VOCÊ VÊ NA CENA.

- [ ] HÁ UM BONÉ PENDURADO NO CABIDEIRO.
- [ ] O PAI PREPARA O CAFÉ DA MANHÃ.
- [ ] HÁ TRÊS QUADROS NA PAREDE.
- [ ] O ANIMAL DE ESTIMAÇÃO É UM CACHORRO.

2) HÁ ALGUMA SEMELHANÇA ENTRE ESSA CENA E O QUE VOCÊ FAZ TODAS AS MANHÃS?

- ESCREVA ALGO QUE VOCÊ FAZ TODAS AS MANHÃS.

LENDO A BÍBLIA

A FAMÍLIA DE MARIA, JOSÉ E JESUS

MARIA E JOSÉ VIVIAM EM NAZARÉ. MARIA ESTAVA PRESTES A DAR À LUZ.

CERTO DIA, VIAJARAM PARA BELÉM. QUANDO LÁ CHEGARAM, JÁ ERA NOITE E NÃO ENCONTRARAM VAGA EM NENHUMA HOSPEDARIA.

ENTÃO, MARIA E JOSÉ TIVERAM DE SE ACOMODAR EM UM ESTÁBULO. E FOI ALI QUE JESUS NASCEU.

PERTO DE BELÉM, HAVIA PASTORES QUE CUIDAVAM DE SUAS OVELHAS.

UM ANJO APARECEU PARA ELES E AVISOU QUE JESUS HAVIA ACABADO DE NASCER.

DEPOIS QUE OUVIRAM A NOTÍCIA, OS PASTORES APRESSARAM-SE E FORAM ATÉ BELÉM PARA CONHECER JESUS.

GLÓRIA A DEUS NO CÉU E PAZ NA TERRA!

ENTÃO, OS PASTORES CHEGARAM AO ESTÁBULO E ALI ENCONTRARAM MARIA, JOSÉ E JESUS, QUE ESTAVA DEITADO NA MANJEDOURA.

PARA REFLETIR E CONVERSAR

- ONDE VIVIAM OS PAIS DE JESUS?
- PARA ONDE MARIA E JOSÉ VIAJARAM?
- EM QUE LUGAR NASCEU JESUS?
- QUEM AVISOU AOS PASTORES SOBRE O NASCIMENTO DE JESUS?

1) EM UMA FOLHA À PARTE, FAÇA UMA HISTÓRIA EM QUADRINHOS CONTANDO O NASCIMENTO DE JESUS.

2) EM DUPLA, MOSTREM SUAS PRODUÇÕES UM PARA O OUTRO E CONTEM COM SUAS PALAVRAS COMO FOI O NASCIMENTO DE JESUS.

COMPREENDENDO O MUNDO

A FAMÍLIA NOS AJUDA A CRESCER

A FAMÍLIA NOS ACOMPANHA E ESTÁ SEMPRE AO NOSSO LADO, NOS AJUDANDO A CRESCER.

OBSERVE COMO A FAMÍLIA É IMPORTANTE EM NOSSA VIDA.

ELA CUIDA DE NÓS.

ELA NOS ENSINA A COLABORAR COM ALEGRIA.

ELA NOS ENSINA A CONVIVER COM TODOS.

ELA É A NOSSA PRIMEIRA ESCOLA.

PARA REFLETIR E CONVERSAR

- O QUE AS FAMÍLIAS DAS IMAGENS ESTÃO FAZENDO?
- CONVERSE COM OS COLEGAS: POR QUE A FAMÍLIA É A NOSSA PRIMEIRA ESCOLA?

 1 APRESENTE SUA FAMÍLIA.

- DESENHE ALGUMAS PESSOAS QUE FAZEM PARTE DE SUA FAMÍLIA E ESCREVA O NOME DE CADA UMA DELAS. DEPOIS, APRESENTE CADA UMA AOS COLEGAS.

2 O QUE SUA FAMÍLIA ENSINOU A VOCÊ DE MAIS IMPORTANTE? ILUSTRE SUA RESPOSTA EM UM CARTAZ FEITO POR VOCÊ, QUE SERÁ EXPOSTO NA ESCOLA.

3 FORME UMA FRASE COM A PALAVRA FAMÍLIA.

APRENDENDO UNS COM OS OUTROS

A FAMÍLIA NOS TRANSMITE A FÉ

FAMÍLIA JUDAICA.

NO **JUDAÍSMO**, OS FAMILIARES COSTUMAM SE REUNIR ÀS SEXTAS-FEIRAS PARA COMPARTILHAR MOMENTOS JUNTOS E SAUDAR O SÁBADO, CONSIDERADO PELOS JUDEUS UM DIA SAGRADO E DE DESCANSO.

NO **ISLAMISMO**, É COMUM OS FAMILIARES SE REUNIREM PARA CELEBRAR O FIM DO RAMADÃ, UM PERÍODO EM QUE OS MUÇULMANOS PRATICAM O JEJUM.

FAMÍLIA MUÇULMANA.

FAMÍLIA MÓRMON REFAZ, 150 ANOS DEPOIS, A JORNADA DE SEUS ANTEPASSADOS.

OS **MÓRMONS** SE REÚNEM PARA, EM FAMÍLIA, REVIVER O DIA A DIA DOS PIONEIROS, QUE DESBRAVARAM O INTERIOR DOS ESTADOS UNIDOS. ASSIM, ELES REVERENCIAM SEUS ANTEPASSADOS E APRENDEM A HUMILDADE.

1. A SUA FAMÍLIA TEM ALGO EM COMUM COM AS FAMÍLIAS DESCRITAS NESTA PÁGINA?

2. O QUE VOCÊ E SUA FAMÍLIA COSTUMAM FAZER JUNTOS? CONTE AOS COLEGAS.

OFICINA DO BRINCAR

HISTORIADORES DE FAMÍLIAS

VOCÊ SABE O QUE O HISTORIADOR FAZ?

ELE NOS AJUDA A COMPREENDER NOSSA VIDA ESTUDANDO O PASSADO. PARA ISSO, ELE UTILIZA DIVERSAS PISTAS DEIXADAS PELAS PESSOAS, COMO FOTOS, OBJETOS, MÚSICAS, ENTRE OUTRAS.

1. IMAGINE QUE VOCÊ É UM HISTORIADOR. COM A AJUDA DE SEUS FAMILIARES, FAÇA UMA PESQUISA SOBRE ALGUMA TRADIÇÃO RELIGIOSA DA FAMÍLIA DE VOCÊS. REÚNA INFORMAÇÕES, OBJETOS E FOTOGRAFIAS SOBRE ESSA TRADIÇÃO.

2. FAÇA UM DESENHO DA TRADIÇÃO RELIGIOSA QUE VOCÊ PESQUISOU. NÃO SE ESQUEÇA DE APRESENTAR AS CARACTERÍSTICAS DESSA TRADIÇÃO E AS PESSOAS DE SUA FAMÍLIA QUE PARTICIPAM DELA.

3. EM CLASSE, CONTE AOS COLEGAS SOBRE A TRADIÇÃO RELIGIOSA DE SUA FAMÍLIA. MOSTRE À TURMA OS OBJETOS E AS FOTOGRAFIAS QUE VOCÊ COLETOU NA SUA PESQUISA. POR FIM, COMPARTILHE COM TODOS O DESENHO QUE VOCÊ FEZ E EXPLIQUE O QUE ELE REPRESENTA.

AS FAMÍLIAS DO MUNDO

A FAMÍLIA, EM SUAS VARIADAS FORMAÇÕES, É A BASE DA SOCIEDADE EM TODO O MUNDO.

FAMÍLIA BRASILEIRA.

A POPULAÇÃO BRASILEIRA É FORMADA POR PESSOAS COM CARACTERÍSTICAS DIVERSAS. ISSO ACONTECE PORQUE SOMOS DESCENDENTES DE VÁRIOS POVOS, COMO OS EUROPEUS, OS ASIÁTICOS, OS AFRICANOS E OS INDÍGENAS.

POR ISSO, EM MUITAS **FAMÍLIAS BRASILEIRAS**, HÁ UNIÃO DE PESSOAS DE CULTURAS E HÁBITOS DISTINTOS.

FAMÍLIA NIGERIANA.

EM MUITAS **FAMÍLIAS NIGERIANAS**, É COMUM QUE PAIS, FILHOS, TIOS, PRIMOS, AVÓS E OUTROS PARENTES MOREM BEM PERTO UNS DOS OUTROS OU ATÉ MESMO TODOS JUNTOS. ESSE TIPO DE CONJUNTO FAMILIAR É CHAMADO DE FAMÍLIA ESTENDIDA.

A **FAMÍLIA INDÍGENA** É MUITO UNIDA A TODA A COMUNIDADE, CONSIDERADA TAMBÉM UMA FAMÍLIA. NAS ALDEIAS, AS TAREFAS SÃO DIVIDIDAS ENTRE HOMENS, MULHERES, IDOSOS, JOVENS E CRIANÇAS.

FAMÍLIA PATAXÓ EM PORTO SEGURO, BAHIA.

- CONVERSE COM OS COLEGAS SOBRE OS TIPOS DE FAMÍLIA APRESENTADOS.
    - **A.** QUE TIPO DE FAMÍLIA SE PARECE MAIS COM A SUA? POR QUÊ?
    - **B.** QUE TIPO DE FAMÍLIA É A MAIS DIFERENTE DA SUA? POR QUÊ?

VIVENDO O QUE APRENDEMOS

A FAMÍLIA É A NOSSA PRIMEIRA ESCOLA

1 EM CASA, PEÇA A UM FAMILIAR PARA DESENHAR NO ESPAÇO ABAIXO ALGO QUE ELE APRENDEU COM VOCÊ.

- PERGUNTE A SEUS FAMILIARES O QUE ELES APRENDERAM COM OS PAIS OU AVÓS DELES.

2 EM CLASSE, CONTE AOS COLEGAS O QUE VOCÊ CONVERSOU COM SUA FAMÍLIA.

AS FAMÍLIAS SÃO DIFERENTES

3 RESOLVA A CRUZADINHA.

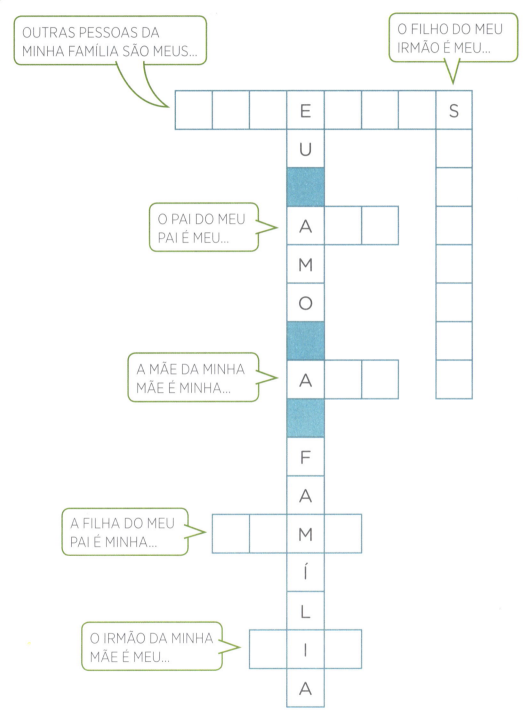

- NA SUA FAMÍLIA HÁ TODOS ESSES MEMBROS? CONVERSE COM OS COLEGAS PARA SABER SE A FAMÍLIA DELES É GRANDE OU PEQUENA.

4 Aprendemos a viver em comunidade

PARA REFLETIR E CONVERSAR

- Onde estão as crianças que aparecem na cena?
- Elas estão se divertindo?
- Em sua opinião, todas as crianças estão felizes?

1 Na cena, circule de vermelho:

   a. uma criança que está sozinha;
   b. uma criança que está caída no chão;
   c. a menina que deixou cair o brinquedo;
   d. três crianças que querem o brinquedo de volta.

2 O que está acontecendo com cada uma das crianças que você circulou?

3 Na cena, circule de azul cada uma das crianças que aparecem abaixo.

4 Converse com os colegas.

   a. O que as crianças que você circulou de azul estão fazendo?
   b. Conte o que você faria se fosse uma delas.

LENDO A BÍBLIA

O bom samaritano

Certo dia, um homem precisou viajar de Jerusalém para Jericó. Quando estava no meio do caminho, ele foi assaltado.

Os ladrões levaram tudo o que ele tinha e o agrediram.

Mais tarde, outro homem que morava por perto passou pelo mesmo caminho. Mas esse também não parou.

O homem ficou caído no chão, ferido e muito triste.

Uma pessoa muito importante na região passou por ali e viu o homem ferido, mas, como tinha muita pressa, não parou para ajudá-lo.

Pouco tempo depois, passou por ali um viajante estrangeiro, vindo da Samaria. Ao ver o homem caído, ele parou e o ajudou.

Ilustrações: Xavier Salomó/ID/BR

Para cuidar melhor do homem ferido, o samaritano o levou até o povoado mais próximo.

O samaritano disse ao homem:

Fique aqui até que se recupere. Eu pagarei as despesas.

PARA REFLETIR E CONVERSAR

- Em dupla, contem com suas palavras o que aconteceu com o homem que viajava de Jerusalém para Jericó.
- Quem o ajudou?

- No dia a dia, como é possível imitar o samaritano? Desenhe no espaço abaixo.

COMPREENDENDO O MUNDO

Precisamos ser solidários

A parábola do bom samaritano nos explica que devemos ser solidários com todas as pessoas, principalmente com aquelas que necessitam de nossa ajuda.

A solidariedade é fundamental para convivermos uns com os outros. Somos solidários quando:

Cuidamos de outras pessoas.

Dividimos o que temos.

Ensinamos o que sabemos.

Ajudamos quem precisa.

PARA REFLETIR E CONVERSAR

- Observem os quatro exemplos de solidariedade desta página e respondam: Vocês são solidários?
- De que outras formas uma pessoa pode demonstrar solidariedade?

1. Converse com os colegas: Vocês viram que, na parábola do bom samaritano, solidariedade é fundamental para o bom convívio entre as pessoas. O que mais é importante para que as pessoas vivam bem em comunidade? Por quê?

2. Para a boa convivência, em qualquer ambiente, é necessário haver combinados entre as pessoas sobre o que poderão ou não fazer. Escreva um combinado que colabore para:

   a. a boa convivência na escola.

   _____
   _____

   b. a boa convivência em casa.

   _____
   _____

3. Além das regras sociais, os cristãos seguem os mandamentos da lei de Deus. Leia alguns deles.

Amar a Deus antes de todas as coisas.

Não falar o nome de Deus à toa.

Honrar o pai e a mãe.

Não mentir.

- Agora, escolha um desses mandamentos. Em uma folha à parte, faça um desenho para representá-lo. Depois, exponha seu desenho no mural da classe.

APRENDENDO UNS COM OS OUTROS

A regra de ouro das religiões

Em todas as religiões, há regras para que as pessoas vivam em harmonia. Uma delas é chamada de **regra de ouro** e é compartilhada por várias religiões do mundo:

Trate as pessoas como você gostaria de ser tratado.

Monge budista.

Budismo

De acordo com Buda, se você considera que alguma coisa é ruim para você, então não deve desejá-la a outra pessoa.

Islamismo

De acordo com o profeta Maomé, o verdadeiro muçulmano é aquele que deseja para seu próximo o que deseja para si mesmo.

Mãe e filha muçulmanas.

Grupo de voluntários servindo comida para crianças.

Cristianismo

Jesus disse:

— Pergunte a você mesmo o que quer que os outros façam a você, e, então, faça o mesmo a eles. (Evangelho segundo Mateus 7,12)

1. Releia com atenção a regra de ouro das três religiões e converse com os colegas:
    - O budismo, o islamismo e o cristianismo consideram importante a convivência com o próximo?

2. Expliquem a regra de ouro com suas palavras.

OFICINA DO BRINCAR

Rua da cidadania

Você já viu esse símbolo na rua do município em que você mora? Sabe o que esse símbolo significa?

Diversos símbolos nos ajudam a viver melhor em comunidade, orientando atitudes para a boa convivência e a segurança de todos.

1. Converse com os colegas sobre outros símbolos que vocês conhecem e sobre a importância de cumprir suas orientações.

2. Em dupla, criem dois símbolos que vocês colocariam nas ruas próximas de suas casas ou nas ruas próximas da escola em que estudam.
   - Um símbolo precisa indicar uma atitude de respeito ao próximo ou ao meio ambiente.
   - O outro símbolo precisa indicar uma atitude de respeito a uma manifestação religiosa ou a um espaço sagrado.
   - Depois de decidirem quais são os símbolos, façam os desenhos de cada um deles nas placas abaixo e escrevam seus significados.

Significado do símbolo: _____

Significado do símbolo: _____

3. Apresentem à turma os símbolos que criaram.

APRENDENDO MAIS

Colaboramos para o bem

Há muitos exemplos de boa convivência e cooperação entre os países. Quando trabalhamos juntos para o bem de todos, conseguimos alcançar grandes conquistas para a humanidade.

A **Rede Eclesial Pan-Amazônica (REPAM)** é uma organização da Igreja católica composta de países que têm a floresta Amazônica no seu território. Essa rede promove o protagonismo dos povos amazônicos na missão comum de defender e cuidar da Amazônia.

Papa Francisco e alguns representantes de grupos étnicos da floresta Amazônica durante a Assembleia Especial do Sínodo dos Bispos para a Região Pan-Amazônica, no Vaticano.

A **Organização das Nações Unidas (ONU)** é a maior organização internacional que existe. A ONU elaborou um documento muito conhecido no mundo todo, a Declaração Universal dos Direitos Humanos. Essa declaração descreve os direitos humanos, que são iguais para todos.

O **Movimento Internacional da Cruz Vermelha e do Crescente Vermelho** é uma das maiores organizações de ajuda humanitária do mundo. A Cruz Vermelha está presente em mais de 190 países em todo o mundo.

Voluntários da Cruz Vermelha distribuem alimentos em Gori, na Geórgia.

Pessoas pesquisando na internet.

A **Wikipédia** é uma enciclopédia que está na internet. Ela é composta de mais de mil artigos livres escritos por milhares de pessoas de todo o mundo. É um exemplo de colaboração. Todos os meses, milhões de pessoas visitam o *site* da Wikipédia.

1. Converse com os colegas sobre os exemplos de colaboração e solidariedade.
    a. De qual você gostou mais? Por quê?
    b. Qual você achou mais importante? Por quê?

2. Como você colabora com os colegas na escola? Explique.

VIVENDO O QUE APRENDEMOS

Ajudamos uns aos outros em nossa comunidade

1. Observe as cenas abaixo. O que as crianças estão fazendo?

A

B

C

D

2. Em casa, mostre as imagens desta página a sua família e conversem sobre elas.

   a. Pergunte a seus familiares como ajudavam em casa quando eram crianças.

   b. Em uma folha à parte, registre as respostas de sua família com um desenho.

3. Em classe, compartilhe com os colegas o desenho que você fez e conte a eles sobre a conversa com sua família.

Devemos ser solidários e respeitar todas as pessoas

4 Marque com **X** as imagens que representam as pessoas que devem ser respeitadas.

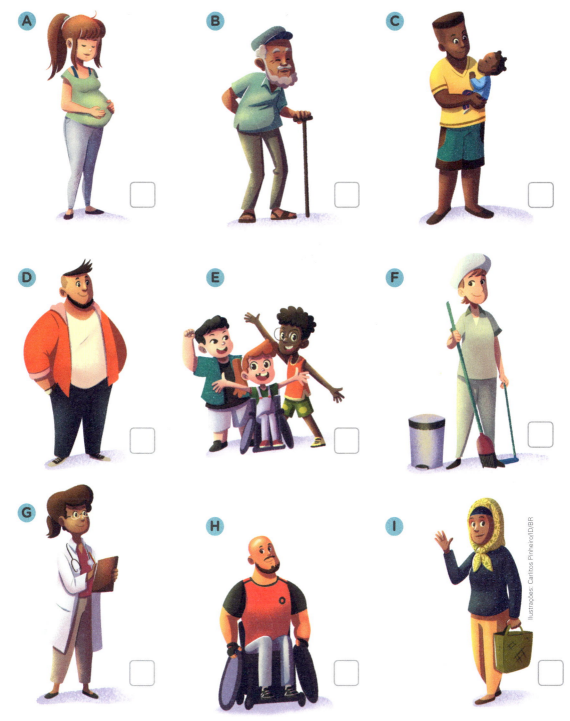

5 Complete a frase abaixo.

Todas as pessoas merecem _____.

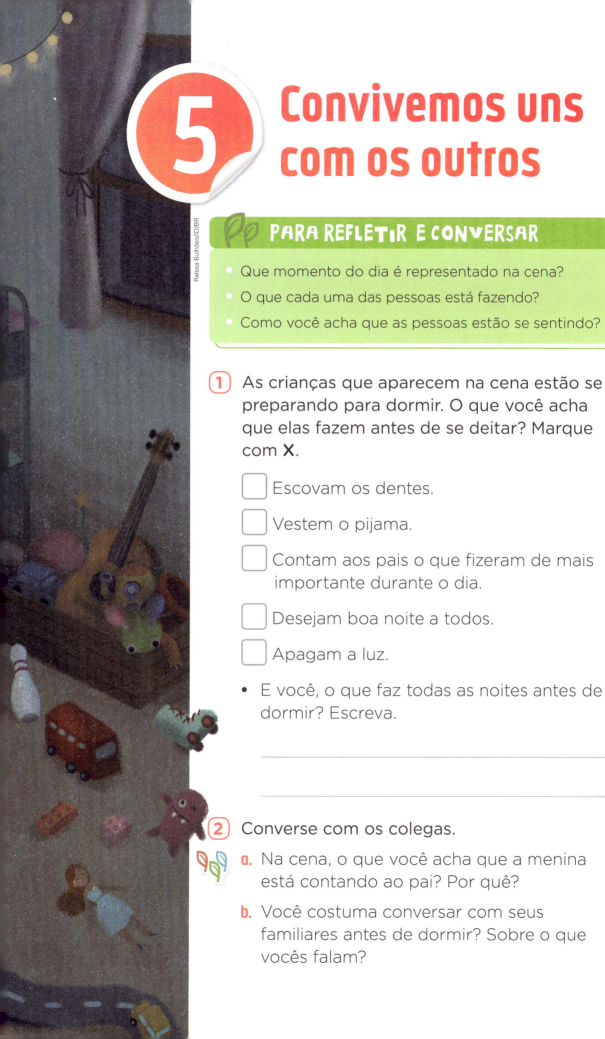

5 Convivemos uns com os outros

PARA REFLETIR E CONVERSAR

- Que momento do dia é representado na cena?
- O que cada uma das pessoas está fazendo?
- Como você acha que as pessoas estão se sentindo?

1. As crianças que aparecem na cena estão se preparando para dormir. O que você acha que elas fazem antes de se deitar? Marque com **X**.

☐ Escovam os dentes.

☐ Vestem o pijama.

☐ Contam aos pais o que fizeram de mais importante durante o dia.

☐ Desejam boa noite a todos.

☐ Apagam a luz.

- E você, o que faz todas as noites antes de dormir? Escreva.

_____

_____

2. Converse com os colegas.

   a. Na cena, o que você acha que a menina está contando ao pai? Por quê?

   b. Você costuma conversar com seus familiares antes de dormir? Sobre o que vocês falam?

O Pai-nosso

Todos os dias, Jesus separava um momento para falar a sós com Deus. Jesus contava a Deus suas alegrias, tristezas e o que acontecia em seu dia a dia. Jesus também ensinava as pessoas a amar a Deus e a confiar Nele.

Não tenham medo nem se preocupem. Deus cuida de vocês.

Deus é um bom pai. Conhece cada um de nós. Ele nos escuta e sabe do que necessitamos.

Jesus convidou todas as pessoas a falar com Deus, como Ele próprio fazia.

Certo dia, algumas pessoas pediram a Jesus que as ensinasse a rezar. Jesus disse a elas que rezar é falar com Deus, assim como falamos com nossos pais ou com um amigo.

PARA REFLETIR E CONVERSAR

- Jesus falava com Deus todos os dias. O que Ele contava a Deus?
- O que Jesus ensinava às pessoas?
- O que Jesus fez quando as pessoas pediram a Ele que as ensinasse a rezar?

- Forme, com as letras da página 91, o nome da oração que Jesus nos ensinou.

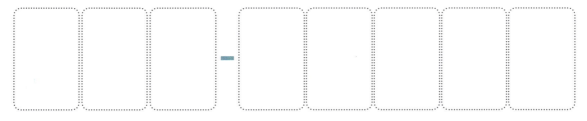

COMPREENDENDO O MUNDO

As pessoas se relacionam com Deus

Todos os dias, precisamos conviver com as pessoas e confiar nelas.

As pessoas religiosas se relacionam com Deus e confiam Nele.

Observe como os católicos se relacionam com as pessoas e com Deus.

Em família, damos graças a Deus antes das refeições.

Ao levantarmos pela manhã e ao deitarmos à noite, pedimos a Deus aquilo de que necessitamos.

Em grupo, rezamos o Pai-nosso ou cantamos.

Na igreja, escutamos a palavra de Deus e comungamos.

PARA REFLETIR E CONVERSAR

- Você gosta de falar com Deus? Quando você faz isso?
- Qual é a sua maneira preferida de rezar? Que orações você conhece?
- Por que você fala com Deus? O que você conta a Ele?

1) Pinte o caminho até o final. Depois, leia a oração completa do Pai-nosso.

 2) Convide os colegas a rezar o Pai-nosso, a oração que Jesus nos ensinou.

APRENDENDO UNS COM OS OUTROS

A oração nas religiões

As pessoas de todas as religiões dedicam um período do dia para falar com Deus.

Meninos muçulmanos orando.

Os **muçulmanos** oram cinco vezes ao dia: ao amanhecer, ao meio-dia, à tarde, logo após o pôr do sol e à noite.

Os **judeus** costumam falar com Deus em três momentos do dia: pela manhã, à tarde e no fim do dia.

Judeus orando em muro sagrado, em Jerusalém, Israel.

Mulher hindu meditando diante de altar, na Índia.

Os **hindus** têm em casa um altar dedicado aos seus deuses, no qual colocam estatuetas ou quadros com a imagem dos deuses. Todos os dias, a família medita diante deles e lhes oferece flores e incenso.

1. Como as pessoas das três religiões citadas no texto fazem suas orações? Converse com os colegas.

2. Em uma folha à parte, desenhe ou cole uma fotografia do lugar onde você e sua família fazem orações.

OFICINA DO BRINCAR

A padaria do bem

Você já pensou na importância que as padarias e os padeiros têm no dia a dia das pessoas? Você e sua família frequentam alguma padaria?

1. Converse com os colegas e o(a) professor(a) sobre a frase:

Dá-nos hoje o pão nosso de cada dia.

- Quais são os significados desse pedido que fazemos a Deus quando rezamos?

2. Com a orientação do(a) professor(a), você e os colegas vão se reunir para compartilhar o pão. Cada um de vocês deve trazer um pão pequeno de casa.

3. No dia combinado para a reunião, vocês vão fazer plaquinhas em pedaços de cartolina. Em cada plaquinha, deve ser escrito um dos significados levantados na atividade 1. Essas plaquinhas serão colocadas na frente de cada pão que trouxeram. Assim, cada pão terá um significado diferente.

4. Agora é o momento de partilhar. Partam os pães e partilhem cada um deles com os colegas, recordando o significado da plaquinha de cada pão.

5. Converse com os colegas: Como vocês se sentiram partilhando o pão?

APRENDENDO MAIS

Encontrar-se com Deus

Diariamente, pessoas do mundo inteiro buscam a Deus em igrejas, templos e até mesmo em casa, fazendo uma oração.

Certa vez, Jesus quis ficar a sós para falar com Deus. Então, Ele foi ao deserto e ficou lá por vários dias.

Homem fazendo oração em casa.

Ao longo da história, muitas pessoas têm buscado lugares especiais para se encontrar com Deus, como cavernas e montanhas. Outras encontram Deus na perfeição da natureza ou na arte.

Observe alguns exemplos.

Em lugares altos

Uluru é o nome de uma grande pedra considerada sagrada para alguns povos originários da Austrália. Para eles, ali vivem os espíritos dos criadores do mundo.

As pessoas que acreditam que essa pedra é um lugar sagrado costumam pedir aos turistas que não subam nela, pois querem preservá-la.

Uluru, na Austrália.

Na arte

Os dervixes islâmicos são bailarinos que buscam a união com Deus. Creem que, ao dançar, recebem a bênção do céu e a levam à terra para reparti-la entre as pessoas.

Dervixes islâmicos dançando na cidade de Konya, na Turquia.

Através da ciência

O cientista Albert Einstein, ao investigar a natureza e as leis do Universo, descobriu a harmonia que havia entre todas as coisas. Einstein sentiu muita admiração pela maneira perfeita como tudo funcionava e ficou maravilhado.

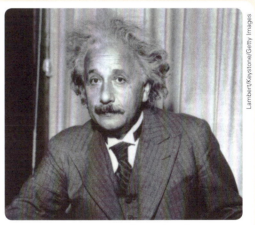

Albert Einstein, em foto de 1933.

1. Em dupla, citem exemplos de lugares em que algumas pessoas buscavam ou buscam a Deus, segundo o texto.

2. Como os dervixes islâmicos buscam a Deus?

3. O que deixou Einstein maravilhado? Por quê?

VIVENDO O QUE APRENDEMOS

Rezar é falar com Deus

1. Observe as duas cenas abaixo.

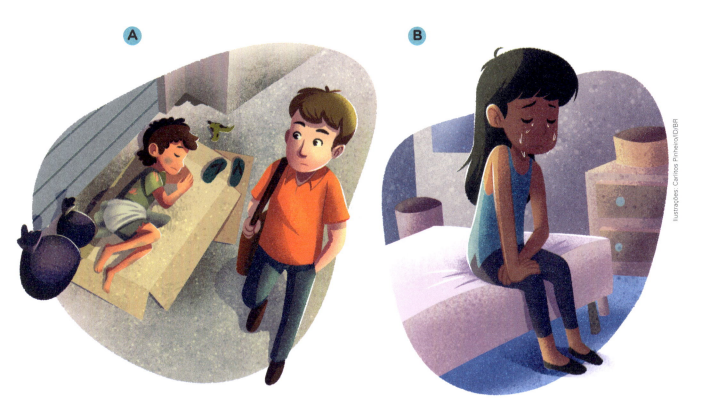

- Em dupla, conversem sobre o que está acontecendo em cada situação.

2. Converse com sua família sobre a atividade anterior.

   a. O que vocês gostariam que fosse diferente nas cenas A e B?

   b. Como vocês rezariam por essas pessoas?

   c. Em uma folha à parte, escreva a oração com sua família e leve para a classe.

3. Mostre aos colegas a oração que você trouxe de casa e responda com eles:

   a. As orações das famílias ficaram parecidas?

   b. Vocês conhecem pessoas que passam por situações semelhantes às das cenas A e B?

   c. Vocês costumam rezar por elas?

As pessoas buscam a Deus

Você sabe o que é uma procissão católica?

Ela acontece quando vários católicos caminham juntos pelas ruas da cidade, cantando, rezando e louvando a Deus. Em muitas procissões, a Virgem Maria, uma santa ou um santo também são celebrados.

4 Observe algumas procissões no Brasil.

Procissão de fiéis celebrando Nossa Senhora de Fátima, no bairro de Sumaré, no município de São Paulo.

Procissão do Círio de Nossa Senhora de Nazaré, no município de Belém, no Pará.

Procissão de São Sebastião, no município do Rio de Janeiro.

5 Em casa, pergunte a seus familiares o que eles sabem sobre procissões e se eles têm o costume de participar de alguma.

6 Em classe, conte aos colegas o que você conversou com seus familiares. Ouça com atenção o que os colegas vão contar.

7 Em uma folha à parte, desenhe o que você aprendeu sobre procissões.

6 É bom viver em união

PARA REFLETIR E CONVERSAR

- Onde estão os alunos representados na cena?
- O que eles estão fazendo?
- Você entendeu o que a professora está dizendo a eles?
- Você acha que eles estão se divertindo juntos?

1 Os meninos e as meninas da cena fazem parte de um grupo musical.

   a. Dê um nome ao grupo.

   _____

   _____

   b. O que você faria se estivesse com as crianças da cena? Enumere as tarefas de acordo com o que você acha mais importante.

   ☐ Ensaiaria a canção.

   ☐ Consertaria os instrumentos quebrados.

   ☐ Dividiria o trabalho entre todos.

   ☐ Colocaria cartazes para promover o concerto no bairro e na escola.

2 Converse com os colegas: Você faz parte de algum grupo ou de alguma equipe? Há algum grupo do qual você gostaria de fazer parte?

Uma festa para todos

Certa vez, um rei decidiu dar uma grande festa. Ele queria que todo mundo participasse dela. Com carinho, ele planejou tudo: arrumou a casa e preparou uma comida deliciosa.

Depois de tudo preparado, o rei pediu que seus ajudantes chamassem as pessoas da cidade para a festa.

Então, eles foram, de casa em casa, convidando a todos.

Muitas pessoas quiseram ir à grande festa do rei: pobres, doentes e pessoas que não podiam caminhar ou enxergar.

O rei recebeu a todos com alegria, dando a eles as boas-vindas. A casa do rei encheu de gente, e todos ficaram muito felizes naquele dia.

PARA REFLETIR E CONVERSAR

- Como o rei preparou a festa?
- Quem ele convidou?
- Como o rei recebia seus convidados?

1 Desenhe no espaço abaixo uma festa em que você foi bem recebido e se sentiu muito feliz.

 2 Converse com os colegas e conte sobre a festa que você representou no desenho da atividade 1.

COMPREENDENDO O MUNDO

As celebrações católicas

As pessoas gostam de se reunir para festejar a vida.

Os católicos também costumam se reunir para celebrar a vida e recordam com alegria datas relacionadas à vida de Jesus.

Observe algumas celebrações católicas.

Datas relacionadas a Jesus, como o Natal.

Presépio natalino.

Maria, que é mãe de Jesus e mãe dos católicos. Isso é motivo de festa!

Imagem de Nossa Senhora de Nazaré com Jesus no colo.

Dias especiais dedicados aos santos, que são exemplos de cristãos. São José é considerado o padroeiro da Igreja.

Imagem de são José com Jesus no colo.

A Eucaristia é a celebração mais importante para os cristãos. Ela acontece durante a missa, em um momento especial.

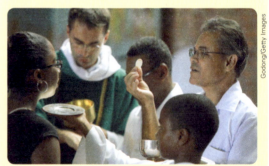

Celebração da Eucaristia na igreja Nossa Senhora dos Alagados, em Salvador.

PARA REFLETIR E CONVERSAR

- Converse com os colegas: Que festas religiosas vocês conhecem? O que elas celebram?

1. O(a) professor(a) vai organizar a turma em 12 grupos. Cada grupo vai sortear um mês do calendário anual.

   Em grupo, identifiquem as principais datas de festas religiosas no mês que sortearam. Com a ajuda do(a) professor(a), façam uma pesquisa em livros e revistas ou na internet sobre essas festas.

   Ao final, apresentem aos colegas dos outros grupos as informações que pesquisaram sobre as festas religiosas.

2. Escolha uma das festas religiosas que o seu grupo apresentou e faça abaixo um desenho que a simbolize.

3. Agora, mostre seu desenho para os colegas e explique a eles como você representou a celebração escolhida.

APRENDENDO UNS COM OS OUTROS

Diferentes lugares sagrados

As pessoas se reúnem em determinadas datas e em locais específicos para celebrar a fé. Observe como algumas religiões fazem isso.

Meca, na Arábia Saudita, é sagrada para os muçulmanos.

Meca, uma cidade na Arábia Saudita, é sagrada para o islamismo. Todos os anos, mais de três milhões de pessoas visitam essa cidade. Para os muçulmanos, é fundamental ir a Meca pelo menos uma vez na vida.

Um dos lugares mais importantes para a Igreja católica é a **cidade do Vaticano**, que fica na Itália. Católicos de todo o mundo costumam viajar para essa cidade para receber a bênção do papa, pois é lá que ele vive.

Papa Francisco na praça de São Pedro, no Vaticano.

Pessoas nas margens do rio Ganges, no festival *Khumba Mela*, na Índia.

No hinduísmo, há um festival religioso chamado *Khumba Mela*, que é realizado a cada 12 anos, em quatro cidades sagradas da Índia.

Ao final da celebração, os fiéis se reúnem em um lugar chamado **Sangam**, onde três rios indianos se encontram.

1 Sublinhe no texto os lugares onde as pessoas de cada uma das religiões apresentadas se reúnem.

2 Você sabe se no Brasil existe um lugar muito visitado por cristãos católicos? Converse com os colegas.

OFICINA DO BRINCAR

O piquenique

As pessoas se reúnem para compartilhar a vida e celebrar eventos religiosos importantes relacionados com suas crenças.

Vamos preparar um piquenique para celebrar a vida de todos vocês da turma que estiveram juntos neste ano?

Que tal servir espetinhos de frutas nesse piquenique? Você já comeu esse tipo de espetinho?

1. O(a) professor(a) vai pedir que tragam diferentes frutas para a classe.

- Observem as frutas e conversem sobre as características delas: formato, sabor, significado, etc. Juntos, pensem em maneiras de continuar a frase:

> **No dia em que Deus criou as frutas...**

- Depois, é hora de montar os espetinhos: com a ajuda do(a) professor(a), coloquem as frutas em espetos de madeira. Procurem montar espetinhos com diferentes frutas.

2. Com a ajuda do(a) professor(a), escolham um lugar da escola para fazer o piquenique de confraternização da turma. Organizem-se em círculo para comer os espetinhos e conversar sobre o que vocês aprenderam neste ano. Agradeçam aos colegas pela companhia. Contem como foi bom conviver com eles durante este ano!

3. Em casa, conte aos familiares como foi a experiência do piquenique de confraternização.

APRENDENDO MAIS

É melhor estarmos juntos

As pessoas costumam se reunir por diversos motivos.

Quando estão juntas, elas se ajudam e se alegram. Observe alguns exemplos.

Celebrar

Em muitos lugares do planeta, celebra-se a virada do ano. No Brasil, em muitas cidades litorâneas, é costume receber o **Ano-Novo** com uma grande festa na praia. Faz parte das tradições dessa festa vestir roupas brancas e celebrar a vida com a família e com os amigos.

Festejos de Ano-Novo em Recife, Pernambuco.

Compartilhar

As famílias católicas se reúnem de três em três anos, convocadas pelo papa, no **Encontro Mundial das Famílias**. Nessa reunião, os participantes compartilham sua fé e refletem sobre a importância da família cristã e sobre suas preocupações.

Papa Francisco cumprimenta criança durante o Encontro Mundial das Famílias em Dublin, na Irlanda, em 2018.

Proteger ou defender

As pessoas se reúnem e saem às ruas para chamar a atenção para alguma situação que querem defender ou resolver.

Por isso, são comuns manifestações de pessoas que defendem o planeta, a vida, um sistema educacional de boa qualidade e que são contrárias a injustiças, como as guerras, por exemplo.

Manifestação para defender os solos, no município de São Paulo.

Colaborar

A Rede Solidária para Migrantes e Refugiados (RedeMiR) reúne cerca de 60 instituições que colaboram na acolhida e na integração social de migrantes e refugiados em todas as regiões do Brasil. Essas instituições atuam de diversas maneiras, desde a oferta de apoio jurídico até a capacitação laboral, promovendo o auxílio humanitário para que essas pessoas possam retomar as suas vidas com condições dignas.

Todos merecem respeito.

1. Para que se juntam ou se reúnem as pessoas em cada uma das situações mencionadas?

2. Você conhece outros motivos que levam as pessoas a se reunir ou a unir forças? Comente com os colegas.

VIVENDO O QUE APRENDEMOS

As pessoas se reúnem para celebrar a vida

1. Em casa, converse com sua família sobre festas ou celebrações das quais vocês costumam participar juntos. Depois, escolha uma e desenhe abaixo.

2. Em classe, compartilhem os desenhos uns com os outros e contem que festa desenharam.

Todos são bem-vindos para festejar a vida

3 Em dupla, conversem sobre o que vocês aprenderam neste ano. Conforme forem relembrando, anotem o que realizaram com os colegas e o(a) professor(a) e com sua família. Por exemplo:

> **Aprendemos que as pessoas são únicas e diferentes e que todas devem ser respeitadas.**

4 Com os colegas e o(a) professor(a), faça a gravação de um vídeo de toda a turma em que vocês possam falar sobre o que aprenderam neste ano.

5 Converse com sua família.

a. O que vocês aprenderam juntos neste ano?
b. O que mais gostaram de fazer juntos?
c. Conte a eles sobre o vídeo que você fez com os colegas.

6 Em classe, agradeça aos colegas pela companhia. Conte como foi bom conviver com eles durante este ano!

CONHECENDO UM POVO DO NOSSO PAÍS

Os quilombolas

Comunidades quilombolas são comunidades formadas pelos descendentes dos africanos que foram escravizados. No Brasil, há mais de 3 mil comunidades quilombolas espalhadas por todo o território. Agora, vamos conhecer as comunidades quilombolas que vivem no município de Oriximiná, no estado do Pará.

Essas comunidades estão localizadas nas margens dos rios Trombetas, Erepecuru, Cuminá e Acapu, na floresta Amazônica. Seus habitantes se comprometem com a preservação ambiental e a defesa contra a exploração mineral. Por isso, eles são contrários aos planos de construção de hidrelétricas que ameaçam os direitos dos povos indígenas e quilombolas.

As comunidades quilombolas geralmente são formadas pelas moradias das famílias e por um centro comunitário. Nesse centro, estão a escola, a capela e o barracão onde ocorrem as festas e as reuniões das famílias.

As comunidades também têm um campo de futebol, onde homens e mulheres participam de jogos e torneios.

Cada família possui um pedaço de terra para cultivar seus alimentos. No entanto, as famílias costumam se reunir em puxiruns (mutirões) para realizar trabalhos coletivos. Juntas, elas caçam e extraem produtos da floresta – como castanha-do-pará, açaí, bacaba, cipó-titica, palha e breu –, pescam nos rios e cultivam mandioca, banana e milho. Os quilombolas de Oriximiná partilham valores familiares que não permitem que as terras das comunidades sejam vendidas.

Os quilombolas de Oriximiná têm uma sabedoria ancestral, e essa sabedoria favorece sua integração com a natureza. É dela que eles tiram os materiais para construir moradias e fabricar os mais variados objetos. Eles também conhecem a medicina natural e fazem uso de plantas e chás.

Cris Eich/ID/BR

Na cultura das comunidades quilombolas de Oriximiná, as danças, como lundum, valsa e mazurca, e as músicas populares do Pará, como as do gênero brega, animam as festas ao som de instrumentos.

... a esperança do nosso povo.

As rodas de conversa são importantes para as comunidades compartilharem os saberes, os costumes e a religiosidade dos seus antepassados quilombolas.

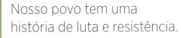

Nosso povo tem uma história de luta e resistência.

Muitas das festas tradicionais dos quilombolas têm influências da cultura indígena e do catolicismo. Uma dessas festas é o aiuê (a festa) de são Benedito, que acontece todos os anos, no dia 6 de janeiro. A comunidade Jauari, por exemplo, celebra uma festa de agradecimento ao santo pela fartura da comunidade. Nessa festa, os participantes entoam ladainhas em latim. Em outras comunidades, a comemoração é conhecida também como marambiré.

Atividades

1) Com a ajuda de seus familiares, pesquise a história de são Benedito em livros, revistas ou na internet. Com as informações que encontrar, faça uma história em quadrinhos nos espaços abaixo, contando os principais acontecimentos da vida do santo.

2) Novamente com a ajuda de seus familiares, faça uma pesquisa sobre as celebrações das comunidades quilombolas brasileiras em homenagem a são Benedito. Depois, faça um desenho dessa festa no espaço abaixo.

3) Em classe, mostre seu desenho aos colegas, apresentando a eles a comunidade quilombola que você escolheu para representar.

PAR-SIM

O JOGO DOS SÍMBOLOS RELIGIOSOS

- O jogo PAR-SIM permite que você conheça os símbolos de algumas tradições religiosas. Existem dois tipos de jogo que podem ser jogados com PAR-SIM:

JOGO DA MEMÓRIA | **CARTAS NA MÃO**

Do que você precisa para jogar

- 16 cartas, que você vai recortar das páginas 93 e 95. Elas vão servir para os dois tipos de jogo.

Número de jogadores

2 jogadores.

Antes de iniciar o jogo

- Conheça os símbolos representados nas cartas e converse com o(a) professor(a) e os colegas sobre seus significados para as diferentes tradições religiosas.

JOGO DA MEMÓRIA

Passos do jogo

1º passo
- Embaralhem e coloquem as cartas na mesa, todas com a imagem virada para baixo.

2º passo
- O jogador que iniciar o jogo vai virar duas cartas.
Se essas cartas não formarem par, ele deve virá-las de volta para baixo, tomando cuidado para mantê-las na mesma posição.
Se as cartas formarem par, o jogador deve ficar com elas.

3º passo
- Agora é a vez do outro jogador. Ele vai repetir as mesmas ações do seu colega de jogo.

4º passo
- Ganha quem tiver ficado com o maior número de pares ao final do jogo.

CARTAS NA MÃO

Passos do jogo

1º passo
- Embaralhem as 16 cartas. Cada jogador fica com cinco cartas. As seis cartas que restarem são colocadas em um monte na mesa.

2º passo
- Cada jogador verifica se pode formar pares com as cartas que recebeu. Se puder formar pares, estes devem ser retirados da mão e deixados à vista, na mesa do jogo.

3º passo
- O jogador que inicia o jogo deve pegar uma carta no monte. Se a carta retirada fizer par com uma das que ele já tinha em mãos, o par deve ser colocado na mesa, à vista.
- Feito isso, o jogador escolhe uma carta da sua mão e coloca no monte.

4º passo
- Agora é a vez do outro jogador. Ele repete as mesmas ações do jogador que iniciou o jogo.

5º passo
- O jogo termina quando não houver mais cartas nas mãos dos jogadores nem no monte de cartas. Vence quem tiver formado a maior quantidade de pares.

CONHEÇA MAIS

Livros

Uma camela no Pantanal, de Lucília Junqueira de Almeida Prado. Edições SM.

Uma camela apareceu em pleno Pantanal mato-grossense. Essa fábula destaca a importância do meio ambiente e do respeito às diferenças.

É assim, de Paloma Valdivia. Tradução de Graziela R. S. Pinto. Edições SM.

Se desconhecemos o ponto de partida e o de chegada, se nascer e morrer são apenas instantes, o que importa é desfrutar o presente e a companhia dos outros, saboreá-los o máximo possível, com leveza e alegria.

Filme

Pets: A vida secreta dos bichos. Direção de Chris Renaud e Yarrow Cheney. EUA, 2016 (90 min).

Max é um cachorro que mora em um apartamento com sua dona. Certo dia, ela resolve trazer para casa um novo cão, e Max fica enciumado. Entretanto, eles aprendem a conviver no dia a dia e a se ajudar.

Vídeos

Historinha de Nossa Senhora Aparecida. Disponível em: https://www.youtube.com/watch?v=z503qgKRt80. Acesso em: 7 maio 2020.

Crianças encenam o encontro da imagem de Nossa Senhora da Conceição em 1717, no rio Paraíba do Sul.

Bom saber sobre racismo religioso. Portal Brasil. Disponível em: https://www.youtube.com/watch?v=EtZaf3aTblU. Acesso em: 7 maio 2020.

O vídeo aborda o conceito de racismo religioso e mostra que todas as religiões devem ser igualmente respeitadas.

Animação

Give in to giving (É dando que se recebe). Disponível em: https://www.youtube.com/watch?v=CZAz4NCUPck. Acesso em: 7 maio 2020.

O curta-metragem mostra a importância da empatia e de ajudar o próximo.

UNIDADE 2

PÁGINA 23

PÁGINA 25

A J R G I E

PÁGINA 30

Unidade 2

Página 27

Unidade 5

Página 59

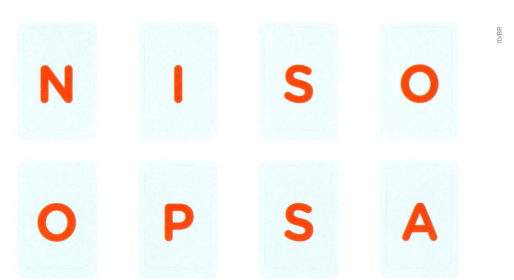

RECORTÁVEIS
Jogando   Página 84

VÁRIAS RELIGIÕES
PURIFICAÇÃO
(ÁGUA)

CRISTIANISMO
SALVAÇÃO
(CRUZ)

CATOLICISMO
PROTEÇÃO
(ESCAPULÁRIO)

RELIGIÕES ORIENTAIS
DESPERTAR ESPIRITUAL
(FLOR DE LÓTUS)

HINDUÍSMO
SOM CRIADOR DO UNIVERSO
(OM)

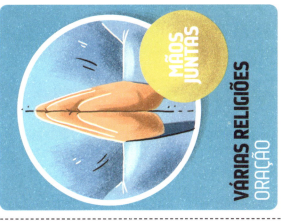
VÁRIAS RELIGIÕES
ORAÇÃO
(MÃOS JUNTAS)

JUDAÍSMO
LUZ DE DEUS
(MENORÁ)

TRADIÇÕES INDÍGENAS
PROTEÇÃO
(COCAR)

RECORTÁVEIS

Jogando   Página 84

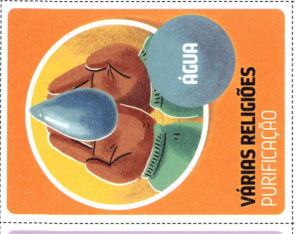
VÁRIAS RELIGIÕES
ÁGUA — PURIFICAÇÃO

CRISTIANISMO
CRUZ — SALVAÇÃO

CATOLICISMO
ESCAPULÁRIO — PROTEÇÃO

RELIGIÕES ORIENTAIS
FLOR DE LÓTUS — DESPERTAR ESPIRITUAL

HINDUÍSMO
OM — SOM CRIADOR DO UNIVERSO

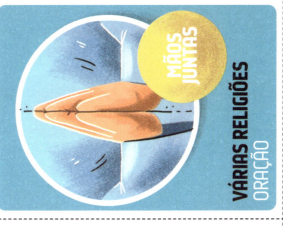
VÁRIAS RELIGIÕES
MÃOS JUNTAS — ORAÇÃO

JUDAÍSMO
MENORÁ — LUZ DE DEUS

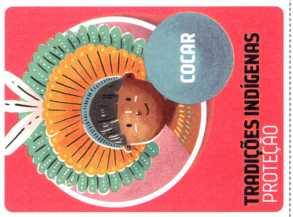
TRADIÇÕES INDÍGENAS
COCAR — PROTEÇÃO